AF235962

# Finanzielle Intelligenz für Einsteiger

*Wie Sie mit intelligenter Geldanlage Ihr Geld für sich arbeiten lassen und Schritt für Schritt den Weg zur finanziellen Freiheit gehen*

## Sebastian Kopischke

# INHALT

# Das erwartet Sie in diesem Buch

Träumen Sie auch davon, in kürzester Zeit mit möglichst wenig Kapitaleinsatz ein halbes Vermögen zu generieren? Nie wieder arbeiten gehen zu müssen und sich am liebsten noch vor dem Renteneintritt zur Ruhe setzen zu können? Natürlich – das wäre zu schön, um wahr zu sein. Aber mal im Ernst: Wir sind uns alle einig, dass dieser Plan so nicht aufgehen kann, wenn man nicht gerade ein erfahrener Trader ist und Tag für Tag alle wirtschaftlichen News verfolgt und dazu auch noch immer auf dem neuesten Stand ist, was deren Entwicklung und die Auswirkungen auf unsere Wirtschaft und die gerade davon betroffenen Unternehmen angeht. Wenn Sie kein *Master of Finance* oder ein jahrelang in Ihrem Beruf erfahrener Vermögensberater sind, so können Sie kaum darauf hoffen, dass Ihnen dieses Thema und damit das schnelle Geld nahezu zufliegt. Doch es gibt Wege, wie Sie an Ihrer aktuellen Situation etwas ändern können. Und dabei möchte ich Ihnen gerne helfen.

Ich möchte Ihnen in diesem kleinen Ratgeber ein paar solide und gut umsetzbare Tipps geben, die Sie für sich nutzen können, um einen guten Anfang in Richtung Geldanlage zu starten und langfristig Vermögen aufzubauen. Ich bin kein erfahrener Trader, auch kein Vermögensberater. Und trotzdem gibt es für jeden ein paar kleine Tricks und Dinge, auf die man achten sollte und kann – und die eine gute Grundlage für den soliden und relativ sicheren Aufbau langfristigen Vermögens liefern.

Lassen Sie die hier aufgeführten Informationen auf sich wirken und gehen Sie in sich. Ich freue mich sehr, Ihnen meine bisherigen Erfahrungen vorzustellen und sie mit Ihnen teilen zu dürfen. Und nun viel Spaß mit diesem kleinen Ratgeber.

# Erfahrungen aus dem Alltag

In diesem Kapitel über die Erfahrungen und Erlebnisse aus dem Alltag beziehe ich mich auf meinen beruflichen Alltag. Ich bin Mitarbeiterin einer Genossenschaftsbank. Diese unterscheiden sich gegenüber anderen Banken dahingehend, dass der Fokus hier ganz klar auf qualifizierter und qualitativer, genossenschaftlicher Kundenberatung liegt. Jeder Kunde, der mit einem Beratungswunsch unser Unternehmen aufsucht, soll gleich gut und vor allem individuell nach seinen Wünschen und Bedürfnissen beraten werden.

Schon in meiner Ausbildung konnte ich viele Gespräche gemeinsam mit Berater und Kunden verfolgen und dabei sein, wie individuell und genau sich meine Kollegen auf die Termine vorbereiten. Ich habe somit auch schon früh lernen dürfen, dass es nur auf die Entscheidung des Kunden, also auf Ihre Entscheidung, ankommt. Sie bestimmen, was Ihnen wichtig ist und was Sie eben möchten oder nicht.

Und hier sind wir wieder, wie vorher auch, bei Ihrem Bauchgefühl. Die Bindung und das gegenübergebrachte Vertrauen zum Ansprechpartner bei Ihrer Hausbank ist ein wichtiger und entscheidender Faktor. Denn dies ist ein Tipp, den ich Ihnen mitgeben möchte: Wenn Sie sich unsicher sind, lassen Sie sich beraten! Dafür stehen Ihnen diese Menschen an fünf Tagen in der Woche gerne zur Verfügung. Sprechen Sie auch über Ihre Ängste und Ihre Meinung zu verschiedenen Anlagen. Nicht jede Strategie ist für Sie die Richtige.

Um nun auf meine dort gesammelten Erfahrungen zurückzukommen: Ich habe in dieser Zeit viel Skepsis gegenüber verschiedener Anlagekonzepte und auch allgemein gegenüber den verschiedenen Anlageformen erlebt. Viele Menschen haben Angst vor Neuem. Sie scheuen sich davor, haben Angst, es könne etwas schief gehen und man könne alles verlieren.

Es gibt jedoch auch Anlagen, die eine bestimmte Sicherheit bieten. Zudem ist es möglich, schon monatlich mit kleinen Beträgen zu beginnen. So kann man sich erst einmal etwas herantasten und so auch testen, ob diese Strategie den eigenen Wünschen entspricht und wie ruhig man auch bei marktbedingten Schwankungen, die eben einmal vorkommen können und völlig normal sind, bleiben kann.

Ich habe es nie richtig verstanden, warum so viele Menschen so verschlossen gegenüber einer neuen Chance sind, etwas in ihrem Leben zu verändern. Es ist doch längst bekannt, auf einem Sparkonto kann man das Geld nur so dahin scheiden sehen. Ein Zinssatz von 0,001% steht doch unserer jährlichen Inflationsrate von nahezu 2 % nicht gegenüber – oder kurz gesagt: wir vernichten jährlich einen gewissen Betrag unseres Geldes, ohne es überhaupt zu merken. Haben Sie sich dies schon einmal bewusst vor Augen geführt? Dann wird es jetzt Zeit, darüber nachzudenken – und vor allem zu handeln!

Viele Menschen verstricken sich in Ausreden, warum sie aktuell nichts anlegen möchten. Sie brauchen das Geld, falls mal die Waschmaschine, das Auto, und so weiter kaputt geht? Wirklich? 100.000 €? Interessant, eine sehr teure Waschmaschine haben Sie da!

Was ich Ihnen damit sagen möchte: Seien Sie ehrlich! Nicht nur zu sich selbst, sondern natürlich auch zu Ihrem Ansprechpartner. Wenn Sie von dem Vorschlag nichts halten und diesen am liebsten in die Tonne schmeißen würden, dann seien Sie ehrlich und sprechen Sie offen darüber. Das Einzige, was zählt, ist Ihr Wunsch und Ihr Interesse.

Stellen Sie sich die Frage: Was interessiert mich? Was ist mir besonders wichtig? Wofür möchte ich mich einsetzen bzw. was möchte ich unterstützen? Überwiegt mein Streben nach Rendite meinem Wunsch nach Sicherheit? Schreiben Sie sich auch gern alles auf! Bringen Sie diese wichtigen Informationen mit, wenn Sie ein Gesprächsersuchen haben. Ihre Freunde, Bekannte oder die Ansprechpartner Ihrer Hausbank werden überrascht sein.

Aufgrund der aktuellen Zinslage ist es nahezu unmöglich, einen Ertrag auf Ihrem Sparbuch zu erzielen. Diese Situation hat sich leider in den letzten Jahren nicht verändert und es ist auch derzeit nicht zu erwarten, dass sich dies in Zukunft ändern wird. Gerne würde ich Ihnen deswegen zunächst erläutern, wie Sie etwas daran ändern können. Im Anschluss würde ich Ihnen daher gern den Mehrwert erklären, den Ihnen dieser kleine Ratgeber bietet. Seien Sie also gespannt, was Sie in den folgenden Kapiteln erwartet.

# Was bietet Ihnen dieses Buch?

Dieses Büchlein ist ein kleiner Ratgeber. Er soll Ihnen eine Einführung in das breit gefächerte Thema der Geldanlage und für einen langfristigen Vermögensaufbau geben. Zudem soll er Ihnen eine gewisse Sicherheit und ein gutes Gefühl in Bezug auf die Geldanlage Ihrer Wahl geben und Sie in Ihrer Entscheidung bestärken.

Sie sollten zunächst einmal beachten: Überstürzen Sie nichts in Ihrer Entscheidung. Wenn Sie nicht zu 100 % von Ihrer Anlageentscheidung überzeugt sind, lassen Sie sich nicht von irgendwem dazu verleiten, die

Tätigung einer solchen übers Knie zu brechen. Es zählt ausschließlich Ihr Bauchgefühl und Ihre Entscheidung. Sie selbst müssen mit dem zufrieden sein, was Sie gerade getan haben, ansonsten können Sie auch nicht ruhigen Gewissens zu Hause sitzen und Ihre Anlage für sich arbeiten lassen.

Es hängt von einigen Faktoren ab, welche Parameter Ihre Investition für die Zukunft benötigt, um erfolgreich zu werden – dazu jedoch später mehr.

Bedenken Sie, dass auch der erfahrenste Anleger einmal Rückschläge erleiden kann. Es läuft nicht immer alles nach Plan, so ist es eben im echten Leben. Erwarten Sie nicht zu viel, sondern fangen Sie klein an. So lernen Sie, Geduld zu haben, dies stärkt ebenfalls das Vertrauen in Ihre Rücklage, welche Sie sich gerade aufbauen möchten.

Ich hoffe sehr, ich konnte Ihnen bereits eröffnen, dass es hier um mehr geht, als darum, einmal ein paar Reserven für später zu haben und Vermögen langfristig aufzubauen. Es ist immer eine individuelle Entscheidung, eine Lebensaufgabe. Diese sollte Ihnen besonders am Herzen liegen.

Gott sei Dank, dass es heutzutage so viele verschiedene Möglichkeiten gibt, sein Geld anzulegen und für sich arbeiten zu lassen. Doch zunächst möchte ich

Ihnen im nächsten Teil gern einmal die Gründe zur Geldanlage näher erläutern.

# Warum soll ich mein Geld überhaupt noch anlegen?

In diesem Kapitel werde ich Ihnen erklären und zu verstehen geben, warum Sie auch heute noch Ihr Geld sinnvoll anlegen sollten.

Geldanlagen sind mehr als nur eine vielleicht gute und gelungene Investition – sie sind Ihre Zukunft! Wenn Sie später fürs Alter finanziell gut aufgestellt sind, können Sie Ihren Lebensabend in vollen Zügen genießen. Sie können verreisen, Ihre Wünsche verwirklichen und leben entspannter im Alltag. Manche

Menschen möchten mit angespartem Vermögen noch bestehende Verbindlichkeiten von damals oder bestehende Restschulden auf ihr Haus auslösen, einige möchten ihren Kindern gern etwas hinterlassen. Dies sind alles individuelle Gründe, die alle mehr als verständlich sind.

Wie bereits gesagt, ich bin kein erfahrener Vermögensberater oder Trader, ich spekuliere nicht und „verzocke" auch kein Geld an der Börse, das ich wirklich brauche. Dennoch gibt es ein paar solide und gut umsetzbare Tipps, die helfen, das Thema Geldanlage in der heutigen Zeit besser zu verstehen und mit anderen Augen zu sehen. Sie werden sehen, Sie werden eine ganz andere Sichtweise entwickeln.

Zum besseren Verständnis möchte ich zunächst einmal ganz früh ansetzen. Ich möchte Ihnen erläutern, wie sich unsere Zinsen in den letzten Jahren entwickelt haben. Im Januar 2000 lagen die Zinsen für Einlagen mit dreimonatiger Kündigungsfrist im Durchschnitt noch bei 2,30 Prozent p.a. Bis Anfang 2001 folgte dann zunächst ein leichter Anstieg auf 2,57 Prozent p.a., der jedoch in einen längeren Abschwung bis April 2005 mündete. Bis Ende 2008 legten die Zinsen wieder deutlich zu. Im November erreichten sie schließlich ihren Höchstwert im betrachteten Zeitraum: 3,02 Prozent p.a.

Von da an bis 2020 ist die Tendenz – mit einer kleinen Unterbrechung in den Jahren 2010 bis 2012 – eindeutig: Die Zinsen fallen. Im August 2014 lagen sie zum ersten Mal im betrachteten Zeitraum unter 1,00 Prozent, seit Oktober 2016 liegen sie unter 0,50 Prozent. Der letzte Stand vom Februar 2020 zeigt die Zinsen bei 0,36 Prozent.

An dieser kleinen Veranschaulichung sehen Sie, wie sehr sich die Situation unserer aktuellen Zinslage verändert hat. Das allzeit bei uns Deutschen beliebte Sparbuch ist schon längst keine rentable Anlagemöglichkeit mehr und trotzdem haben viele Deutsche immer noch Unmengen an Geld entweder zinslos auf der Bank geparkt oder gar unter dem Kopfkissen liegen.

Nun sollten Sie sich einmal die Fragen stellen: Warum handeln wir nicht? Warum verbleiben so viele Menschen weiterhin in ihrem alten Muster, anstatt einmal etwas Neues auszuprobieren?

Da haben wir sie wieder – die Angst vor Neuem. Sie merken also, Geldanlage und ein guter und langfristiger Vermögensaufbau, das sind Dinge, die uns alle mehr oder weniger betreffen. Uns allen müsste diese Angelegenheit am Herzen liegen – also packen wir es nun an und handeln!

# Was ist mein Ziel?

Zunächst einmal möchte ich Ihnen gerne eine kleine Geschichte aus meinem Leben erzählen. Ich habe viel erleben und durchmachen müssen, bis ich dort war, wo ich jetzt bin. Als ich damals meine Ausbildung zur Bankkauffrau begonnen hatte, konnte ich es kaum glauben: Ich hatte es tatsächlich geschafft! Das war der Beruf, den ich immer erlernen wollte und daher war ich damals unheimlich stolz.

Es war absolut nicht leicht und ich habe mich in diesen zweieinhalb Jahren durch viele Prüfungen gekämpft. Ich war wirklich am Boden, wusste teils nicht mehr, wo oben und unten ist, da die Ausbildung unheimlich anspruchsvoll war. Aber als ich dann meine Ausbildung endlich in der Tasche hatte, war ich umso glücklicher. Damals standen wir gemeinsam mit den frisch gebackenen Bankkaufleuten, der Personalabteilung und dem Vorstand unseres Hauses zusammen, tranken ein Glas Sekt und unterhielten uns über die vergangenen Lehrjahre und was wir jetzt in Zukunft noch alles vor hätten. Dann wurde uns eine Mappe mit Bildern und einem Brief überreicht. Ach du liebe Güte – Ich erinnerte mich.

Diesen Brief hatte ich zu Beginn meiner Ausbildung verfasst. Dort stand geschrieben, was meine Ziele in drei Jahren sein werden und was ich einmal erreichen möchte. Ich führte zudem alles auf, was mir wichtig war.

Jetzt fragen Sie sich sicher, was hat das hier mit diesem Ratgeber zu tun? Nun, dann lesen Sie nochmals die Überschrift dieses Kapitels. *Was ist Ihr persönliches Ziel bei der Geldanlage?* Es ist ganz wichtig, dass Sie sich dessen bewusst werden.

Worauf möchte ich hin sparen? Was möchte ich mir in den nächsten Jahren einmal leisten? Sind irgendwelche dringenden Anschaffungen geplant? Wie alt ist mein Auto? Könnte es sein, dass ich in den nächsten Jahren ein neues brauchen werde? Wie sieht meine Zukunft aus? Warum möchte ich langfristig Vermögen aufbauen? Möchte ich einmal ein Haus kaufen oder bauen? Oder für die große Traumhochzeit? Oder möchte ich einfach für mein Alter optimal abgesichert sein?

Sie müssen sich darüber einig werden, welche Ziele Sie mit Ihrer Geldanlage verfolgen möchten. Einer der größten und wichtigsten Punkte Ihrer Anlage ist nämlich der Faktor Zeit. Ich werde zwar später noch einmal näher darauf eingehen, trotzdem sollten Sie schon einmal darüber grübeln, wie viel Zeit Sie Ihrem Geld geben möchten und können, um am Markt zu arbeiten.

Ich würde Sie zudem bitten, sich einmal hinzusetzen und all Ihre Ziele aufzuschreiben. Zusätzlich sollten Sie sich darüber Gedanken machen und auch notieren, ob in der nächsten Zeit Anschaffungen geplant sind, wozu Sie dann etwas Geld flexibel brauchen könnten.

Es nützt nichts, alles Geld was Sie haben, zur Seite zu sparen in eine Anlage, die einfach für längerfristig gedacht ist und Sie dann keinerlei Geld mehr zur Verfügung haben. Und da wären wir bereits am nächsten Punkt angelangt. Man sagt, dass man immer zwei bis drei Bruttomonatsgehälter sofort verfügbar haben sollte, falls mal etwas Unvorhergesehenes dazwischen kommt. Behalten Sie sich daher, wenn möglich, diese Summe schon einmal zurück. Es ist nicht schlimm, eine kleine Summe täglich verfügbar auf einem Tagesgeldkonto zu parken. Es sollte nur nicht damit übertrieben werden.

Der nächste Schritt ist das Aufstellen einer Haushaltsrechnung. Machen Sie sich Gedanken darüber, was genau Sie längerfristig zur Seite legen können und möchten. Schreiben Sie einmal Ihre Einnahmen und Ausgaben auf, um einen Überblick zu erhalten, was Sie monatlich abzüglich aller Verbindlichkeiten noch zur Verfügung haben. Nun, wenn Sie dies wissen, möchte ich, dass Sie überlegen, was Sie wirklich monatlich zur Seite legen bzw. in Ihre Geldanlage investieren wollen.

Nicht alles Geld was frei verfügbar ist, muss zur Seite gelegt werden. Es lohnt sich auch, bereits mit kleinen Beträgen in den Vermögensaufbau zu starten. Es steht Ihnen also nichts im Wege, das übrige Einkommen zu splitten und einen Teil verfügbar zu halten sowie einen Teil in Ihre Vermögensanlage fließen zu lassen.

Es ist im Zuge dessen auch hilfreich, sich beim Notieren der Ausgaben einen groben Überblick zu verschaffen, wo Sie vielleicht noch das ein oder andere einsparen können. Schauen Sie sich zum Beispiel einmal Ihre Versicherungen an, ggf. gibt es hier noch Optimierungsbedarf. Viele Versicherungen sind häufig zu teuer und enthalten zudem wenig Leistungen für ihr Geld. Oft versprechen diese Versicherungen mehr als wirklich hinter ihnen steckt. Häufig verbergen sich auch hinter einigen bereits bestehenden Krediten noch horrende Zinssätze. Nehmen Sie sich einmal all Ihre Kreditverträge zur Hand und prüfen Sie diese. Gegebenenfalls lässt sich ein Kredit mit einem zu teuren Zinssatz ablösen.

Lassen Sie dort gern einmal Ihre Hausbank drüber schauen oder schauen Sie selbst. Sie können schließlich auch einschätzen, welcher Zins noch in Ordnung ist und welcher möglicherweise zu hoch. Doch beschäftigen wir uns nun endlich wieder mehr mit Ihrer Geldanlage.

# Das „magische Dreieck" der Geldanlage

D ies ist eines der wichtigsten, aber auch einfachsten Dinge, mit denen ich Ihnen erläutern kann, was genau bei Ihrer Geldanlage wichtig ist beziehungsweise worauf Sie achten sollten.

Das magische Dreieck beschreibt drei unerlässliche Faktoren für die Entscheidung Ihrer letzten Endes getätigten Geldanlage. Zum einen beachten wir den Punkt *Sicherheit*, zum anderen die Punkte *Rendite* und

*Liquidität.* Dies sind, wie Sie vielleicht schon auf den ersten Blick bemerkt haben, drei konkurrierende Ziele bei der Vermögensanlage. Es muss Ihnen klar sein, dass wir nicht all diese drei Dinge maximieren können.

Zu dem Punkt Sicherheit kann man sagen, dass sehr sichere Anlagen oft wenig bis gar keine Rendite erbringen. Sehr liquide Anlagen haben ebenfalls häufig wenig bis gar keine Rendite. Im Umkehrschluss bedeutet das für die Rentabilität, dass sehr rentable Anlagen Sie oft langfristig binden und Sie dort zudem einen großen Teil Ihrer gewünschten Sicherheit aufgeben müssen. Sie merken also schnell: Gar nicht so einfach, die Sache mit meiner Geldanlage. Vermögen strukturiert und gut aufzubauen will also gelernt sein.

Nun kommen Sie ins Spiel. Sie müssen sich nun überlegen, was genau von diesen drei aufgeführten Punkten Ihnen besonders wichtig ist. Sind Sie bereit, einen Teil Ihrer Sicherheit für etwas mehr Rendite aufzugeben?

Dies veranschauliche ich Ihnen gerne mit einem kleinen Beispiel. Stellen Sie sich zwei Dreiecke vor, das eine mit der Spitze nach oben, das andere mit der Spitze nach unten. Diese beiden Dreiecke stehen nun nebeneinander. Das linke Dreieck, mit der Spitze nach oben, steht für Rendite, das rechte Dreieck steht als

Symbol für die Sicherheit.

Malen Sie sich dieses kleine Schaubild gerne einmal auf, zum besseren Verständnis für Sie. Wenn Sie nun die beiden Dreiecke einmal mit zwei waagrechten Strichen aufteilen, werden Sie gegebenenfalls schon ersehen können, worauf ich hinaus möchte.

Auf dem linken Dreieck, also unserem Renditedreieck, sehen Sie nun oben abgetrennt die Spitze. Bei unserem Sicherheitsdreieck müsste nun die breite Unterseite, also die Basis, auf der ein Dreieck normalerweise steht, zu sehen sein. Sie erkennen gleich, dass das Feld der Sicherheit größer ist als das der Rendite. Dies bedeutet: Maximale Sicherheitsstufe bei minimaler Rendite. Wenn Sie bereit sind, einen Teil Ihrer gewünschten Sicherheit aufzugeben, haben Sie im Umkehrschluss die Chancen auf mehr bzw. eine höhere Rendite.

Sie brauchen jetzt keine Angst zu haben, was den Punkt Kapitalerhalt angeht. Es gibt viele Möglichkeiten, Ihr Geld in Anlagen zu investieren, die einen großen Teil an Sicherheit bieten, ohne dass Sie die Befürchtung haben müssen, Ihr eingesetztes Kapital zum großen Teil oder gar ganz zu verlieren. Ich möchte jetzt noch nichts vorwegnehmen, sondern in den folgenden Kapiteln alles etwas genauer erläutern und auf alles eingehen.

# Ein guter Einstieg

## FONDS

Ein guter Einstieg in die breit gefächerte Welt der Anlagen sind Fonds. Ich möchte Ihnen einmal genauer erläutern, was Fonds eigentlich sind und warum gerade diese für den ersten Einstieg gut geeignet sind.

Generell ist es zunächst einmal wichtig, zu wissen, was genau Fonds überhaupt sind. Einen solchen kann man sich vorstellen wie einen großen Topf mit Gulaschsuppe. So wird uns der Fonds schon in der Ausbildung erklärt, und ich finde, diese Beschreibung ist doch ganz treffend.

In einer solchen Gulaschsuppe befinden sich ja bekanntlich neben dem Fleisch noch diverse andere Zutaten. Für mich gehören in eine Gulaschsuppe noch viel Gemüse, Zwiebeln, Brühe und so weiter. Mein Vater mischt sogar immer noch etwas Orangensaft hinzu. Ich möchte Ihnen damit sagen, dass ein Fonds aus vielen verschiedenen „Zutaten", also in diesem Fall Aktien oder anderen Werten, besteht.

Sie merken also, die bunte Mischung macht's. Zum einen ist es nicht so schlimm, wenn eine Aktie in diesem großen Fonds mal nicht so gut läuft. Zum anderen haben Sie hier eine große und breit gestreute Mischung, da ist doch fast für jeden was dabei. Wenn eine Aktie in diesem großen Topf einmal nicht gut dastehen sollte, wird diese eben aus dem Portfolio herausgenommen oder es werden weniger davon gekauft und die anderen Werte können die Schwankungen wieder rausarbeiten.

Zudem gibt es viele verschiedene Arten von Fonds, angepasst an Ihre individuelle Risikoklasse. Diese Risikoklassen, so kenne ich sie zumindest, sind unterteilt in die Stufen I bis V.

**I: Konservativ**

Sicherheit ist für Sie das A und O. Sie möchten alle eventuell aufkommenden Risiken ausschließen, Rendite ist dabei zweitrangig anzusehen. Sie priorisieren jederzeit den Erhalt Ihres investierten Kapitals und auch bei kleinsten Verlusten sind Sie bereits sehr nervös. Auch kurzfristig soll Ihr eingesetztes Kapital erhalten bleiben.

## II: Risikoscheu

Um langfristig Ihre Ziele zu erreichen, behalten Sie stets den Überblick und priorisieren die Minimierung des Risikos. Ihnen ist jedoch trotzdem bewusst, dass Risiko nicht ganz vermeidbar ist. Sie möchten trotz alledem gern etwas Rendite erzielen. Dennoch legen Sie Wert auf möglichst beständige und stabile Kursentwicklung.

## III: Risikobereit

Ihr oberes Ziel ist die Erzielung einer guten Rendite. Sie sind bereit, zur Erreichung Ihres Ziels ein gewisses Maß an Risiko in Kauf zu nehmen. Zudem nehmen Sie auch den Verlust eines kleinen Teils Ihres eingesetzten Kapitals in Kauf, ohne bei Wertschwankungen gleich nervös zu werden. Diese spielen bei Ihnen nur eine untergeordnete Rolle.

## IV: Spekulativ

Ihr oberstes Ziel ist eine überdurchschnittliche Rendite, für welche Sie einen teilweise möglichen Kapitalverlust in Kauf nehmen würden. Schwankungen in der Wertentwicklung sind für Sie ein notwendiges und nicht zu vermeidendes Mittel, um Ihr Anlageziel optimal verwirklichen zu können.

## V: Hochspekulativ

Ihr oberstes Ziel ist die Maximierung Ihrer Gewinn-chancen. Sie erwarten höchstmögliche Rendite und sind bereit, dafür große Risiken bis hin zum Totalverlust Ihres eingesetzten Kapitals einzugehen. Erhöhte Kursschwankungen stellen für Sie daher absolut kein Problem dar.

Nun kommt der nächste Schritt. Lesen Sie sich die Risiko- oder, anders formuliert, Sicherheitenklassen einmal laut vor. Nun denken Sie darüber nach, in welcher dieser fünf aufgeführten Stufen Sie sich selbst sehen. Ich kann Ihnen gerne sagen, in welche dieser Klassen ich mich einstufe: Ich selbst befinde mich aktuell in Stufe 3.

Aber ich bin bereit, diese Einstellung nach oben hin zu korrigieren, wenn ich mir nach einiger Zeit ein bisschen mehr Vermögen aufgebaut habe. Momentan bin ich dazu noch nicht gut genug vorbereitet. Ich bin jung, habe eine kleine Familie und bin dabei, mir etwas aufzubauen. Für mich sind die Klassen vier und fünf eher die „Zockerklassen". Aber ich bin nicht so weit – noch nicht. Noch habe ich kein Spielgeld gesammelt. Man sagt sowieso, dass man solche Zockerspielchen nur mit ca. 10 % seines Vermögens absolvieren sollte.

Zudem unterteilt man Fonds in verschiedene Fondsarten:

## Aktienfonds

Diese investieren schwerpunktmäßig in Aktien, also in Anteile börsennotierter Unternehmen. Über lange Zeiträume zählen diese zu den renditestärksten Fondsarten, allerdings sind sie eher für risikobereite Anleger gedacht, da die Wertschwankungen eher hoch sind.

## Rentenfonds

Diese enthalten verzinsliche Wertpapiere wie z. B. Pfandbriefe, Unternehmensanleihen oder auch Staatsanleihen. Diese Fonds erzielen ihre Erträge meist aus Zinsen und Kursgewinnen. Sie sind eher niedrigen Schwankungen ausgesetzt und daher gut geeignet für eher risikoscheue Anleger.

## Mischfonds

Diese Art von Fonds kombiniert verschiedene Anlagen miteinander. Dazu gehören zum Beispiel Aktien, Geldmarkt- oder auch Rentenpapiere. Mischfonds bieten gute Renditechancen, da sie durch ihre Zusammenstellung flexibel auf unterschiedlichste Marktsituationen reagieren können. Sie eignen sich sowohl für risikoscheue als auch für risikobereite Anleger, da sie entweder ihre Schwerpunkte auf Sicherheit oder eben auf Chancen setzen können. Je nachdem erhält der Anleger dann eben mehr Aktien oder mehr Rentenpapiere.

## Offene Immobilienfonds

Diese investieren schwerpunktmäßig in Gewerbeimmobilien. Dazu gehören beispielsweise Hotelgebäude, Einkaufszentren oder Bürohäuser. Manche Fonds setzen zudem einen Schwerpunkt auf verschiedene Länder oder auch Regionen. Die Wertentwicklung hängt stark von den Mieteinnahmen ab. Äußerst wichtig ist auch die Wertentwicklung des betreffenden Gebäudes. Zu berücksichtigen ist auch, dass offene Immobilienfonds besonderen Halte- und Rückgabefristen unterliegen.

## Geschlossene Immobilienfonds

Wenn es offene Immobilienfonds gibt, muss es natürlich auch den Gegenpart, den geschlossenen Immobilienfond, geben. Diese investieren schwerpunktmäßig nur an wenigen oder auch nur an einer einzelnen Immobilie. Dies erhöht natürlich Ihr Risiko als Anleger. Dort hinzu kommt zudem die Mindesthaltefrist von 24 Monaten und eine Kündigungsfrist von 12 Monaten, welche ebenfalls beim offenen Immobilienfonds gilt.

## Geldmarktfonds

Diese Fonds investieren am Geldmarkt. Hierzu zählen festverzinsliche Wertpapiere, Festgelder oder auch Bankguthaben. Die Renditen entsprechen in der Regel dem aktuellen Marktzins, daher sind sie momentan weniger rentabel.

## Exchange Traded Funds

Hier steht kein aktives Fondsmanagement dahinter und wählt die Anlagen aus, sondern diese bilden einen Index nach, wie beispielsweise den DAX oder den MSCI World. Die Wertentwicklung dieses Fonds entspricht daher fast genau der des abgebildeten Index'. Anleger können diese dann meist frei über die Börse kaufen und zudem täglich damit handeln.

Hier haben Sie nun einmal einen kleinen Überblick über die verschiedenen Fondsarten erhalten. Sie sehen schon, wie vielfältig diese Anlagen sind. Dort müsste doch nun auch für Sie etwas dabei sein, oder? Da Sie ja nun verstanden und verinnerlicht haben, worum es bei den diversen Anlagen und Sicherheitenklassen geht, können Sie sich nun Ihre Anlagestrategie zusammenstellen.

Ich möchte Ihnen noch sagen, wozu Fonds gut sind. Zum einen bestehen diese, wie bereits erwähnt, aus vielen verschiedenen Aktien, also Einzelwerten.

Sollte eine Aktie in diesem großen Fonds einmal nicht gut stehen, sei es aus wirtschaftlicher Sicht oder auch aufgrund eines Skandals des Unternehmens, welches in der Öffentlichkeit sehr publik ist, so kann dieser Fonds optimal darauf reagieren. Der Anteil der schlecht laufenden Aktien wird stark zurückgeschraubt oder gar ganz aus dem Portfolio entfernt, die „gut laufenden" Werte werden hingegen dazugekauft, sodass ein gegebenenfalls stattfindender Verlust auf ein Minimum reduziert oder zumindest abgemildert werden kann.

Warum aber dann nicht einfach einzelne Aktien kaufen? Eben darum, weil Sie hierbei auf Einzelwerte setzen. Sie haben bestimmt schon oft gehört, dass man niemals auf ein Pferd setzen sollte. Wenn die Aktie dieses einzelnen Unternehmens dann schlecht laufen sollte, würden Sie gleich einen totalen Wertverlust erleiden. Wenn Sie sich super in der Welt und der Wirtschaft auskennen und irgendwann etwas erfahrener sind, können Sie gerne einen Schritt weiter gehen. Dies wäre dann der nächste Schritt.

Ein weiterer Grund ist, dass hinter den meisten Fonds ein aktives Management steht. Dies bedeutet, dass es einen Fondsmanager gibt, der sich wirklich Gedanken über die aktuelle Anlagestrategie und den

Inhalt der diversen Fonds macht, sich damit natürlich auskennt und sich jeden Tag aufs Neue damit beschäftigt. Hier haben Sie also den unheimlich großen Vorteil, dass Sie selbst nichts mehr tun müssen, um Ihre Anlage am Laufen zu halten. Sie lehnen sich einfach nur zurück und warten ab.

Auch der zeitliche Faktor spielt eine wichtige Rolle. Es gibt natürlich auch Fonds, die für kurzfristige Anlagezeiträume genutzt werden können. Allerdings haben die meisten Fonds eine empfohlene Anlagedauer von etwa sieben Jahren. Das soll Sie trotzdem nicht abschrecken, da Sie natürlich nicht fest gebunden sind und Sie auch jederzeit in der Anlage kaufen oder verkaufen können. Dies soll nur eine Empfehlung sein, damit das Geld seine Zeit bekommt, am Markt zu arbeiten.

Zudem entstehen für das aktive Fondsmanagement und die Verwaltung Ihrer Anlage auch ein gewisser Anteil an Kosten, die jedoch gut zu verschmerzen sind. Jeder Mensch möchte natürlich Geld für die Arbeit bekommen, die er verrichtet. Es sollte also für Sie selbstverständlich sein, diesen kleinen Kostenanteil zu akzep–tieren. Lassen Sie sich trotzdem von Ihrem Ansprechpartner ausreichend über alle eventuell aufkommenden Kosten genau informieren, damit es nicht zu unerwarteten Überraschungen für Sie kommt.

# FONDS VS. ETFS

Ich möchte Ihnen auch noch einen Hinweis meinerseits geben, warum ich eher der Fondstyp bin, anstatt
einen ETF, wie oben beschrieben, zu bevorzugen. ETFs
gelten als kostengünstige und relativ sichere Anlage-
klasse, die auch noch eine relativ gute Rendite auf-
weist, die bedingt durch die Konstruktion von Index-
fonds auf jeden Fall marktüblich sein sollte.

So kommt es, dass auch immer mehr unerfahrene
Anleger auf den ETF-Zug aufsteigen, ohne sich vielleicht der Risiken dieser Anlageform richtig bewusst
zu sein. Ein Anleger, der aber einen ETF auf den DAX-
Index erworben hat, hat sich damit automatisch auch
die schlechten Werte in sein Depot geholt. Das könnte
bei heftigen Kurskorrekturen sehr gefährlich werden.

Denn es könnten gerade diese Aktien sein, die
dem DAX dann eine schlechte Performance bescheren.
Oder es verlieren ausgerechnet die Aktien am meisten
an Wert, die auch die höchste Gewichtung im DAX haben. Dann könnte es mit dem Index steil bergab gehen
und natürlich könnten auch die ETFs, die den DAX
nachbilden, in gefährliche Tiefen stürzen. Diesen

Nachteil haben Sie bei aktiv gemanagten Fonds nicht, da hier das Management in der Lage ist, optimal auf solche marktbedingten Schwankungen zu reagieren, so schnell es eben möglich ist. Denn wenn wir es einmal von einer anderen Seite aus betrachten, bedeutet die Abhängigkeit vom jeweiligen Index, welchen der ETF nachbildet, ja Folgendes: Man schneidet mit einem ETF nämlich nicht nur genauso gut, sondern natürlich auch genauso schlecht ab, wie der zugrunde liegende Index. Und genau dieser Umstand kann in Crash-Phasen zu sehr unangenehmen Nebenwirkungen bei den ETFs führen.

Während in den zwölf Monaten der Finanzkrise der Jahre 2008 und 2009 einige große Werte im Dow Jones, wie zum Beispiel ExxonMobil oder IBM nur geringe Abschläge hinnehmen mussten, hatte der Dow Jones in diesem Zeitraum ein Minus von circa 40 % zu verkraften. Und somit auch die entsprechenden ETFs. Sie sehen also schon, dass ein ETF auch ein schlechter Mix sein kann und die Kostenersparnis dann die erzielte Rendite nicht übersteigt.

## WEITERE ALTERNATIVEN

Zudem gibt es noch die Möglichkeit, durch Anleihen Ihr Geld anzulegen und sich somit langfristig Vermögen aufzubauen. Ich möchte Ihnen auch kurz einmal erläutern, was diese genau sind. Anleihen sind festverzinsliche Wertpapiere. Sie haben als Anleger den großen Vorteil, dass Sie bezüglich der Anleihen einige Rechte besitzen. Sie bekommen zu Ihrem investierten Kapital auch noch eine vorher fest vereinbarte Zinszahlung obendrauf.

Durch den Kauf der Anleihe geben Sie dem Unternehmen, welches hinter der Anlage steht, quasi einen Kredit. Die Zinszahlung und Wertentwicklung hängt zum einen von der Laufzeit, dem aktuellen Marktzins, und der Bonität des Herausgebers (auch Emittent genannt) ab. Dies Anleihe kann auch vor Laufzeit gehandelt und damit verkauft werden und muss daher nicht bis zum Ende der vereinbarten Laufzeit behalten werden. Jedoch müssen Sie hierbei bedenken, dass Sie durch den Kauf einer Anleihe des einzelnen Unternehmens keine Vielseitigkeit der darin enthaltenen Werte und somit auch keine Risikostreuung haben. Zudem tragen Sie das Risiko des Totalverlustes Ihres investierten Kapitals, da es sein kann, dass das Unternehmen einmal nicht mehr so gut dar steht oder sogar zahlungsunfähig und im Anschluss auch insolvent werden könnte.

Eine weitere Möglichkeit bietet sich mit dem Kauf eines Zertifikats. Dies ist durchaus ein kompliziertes Finanzprodukt. Es ist ein Wertpapier, bei dem die gegebenenfalls erzielbare Rendite von der Wertentwicklung eines Basiswertes abhängig ist. Sie werden an der Börse direkt über den Emittenten der jeweiligen Zertifikate gehandelt, dort können sie dann erworben werden. Sie sind meiner Meinung nach jedoch eher den erfahreneren Anlegern vorbehalten, die den Aufbau und die Konstruktion eines solchen Anlageproduktes verstehen und kennen. Sie sollten sich gut in der aktuellen Wirtschaft und deren Lage auskennen, um auf die Kursentwicklung Ihres eingekauften Wertes positiv setzen zu können. Sollte dies schief gehen, drohen Ihnen unter Umständen hohe Verluste. Ebenfalls ist ein Zertifikat noch mit sehr hohen, Teils versteckten Kosten verbunden, die natürlich nicht von Ihnen ungeachtet bleiben sollten.

Sie merken also, wie vielfältig und kompliziert die Welt der Geldanlage auch sein kann und können eventuell etwas verstehen, warum ich persönlich von der Welt der Fonds absolut begeistert bin.

Eine gute und solide Alternative bietet Ihnen zudem der Baustein des Bausparens. Aufgrund der Neuerungen bei der Wohnungsbauprämien ab dem Jahr 2021 ergeben sich hier zudem attraktive Förderungsmöglichkeiten für Sie. Außerdem erhöhen sich die Einkommensgrenzen zum Anspruch der Förderung deutlich, sodass viel mehr Menschen Anspruch auf die Wohnungsbauprämie erhalten. Erkundigen Sie sich diesbezüglich gerne einmal. Auch wenn die Verzinsung des Bausparvertrages nicht mehr vergleichbar ist mit den Zinssätzen von damals, so ist dies trotzdem eine gute Alternative für die Menschen, die absolut kein Risiko eingehen möchten. Es ist ein Irrglaube, dass ein Bausparvertrag ausschließlich für wohnwirtschaftliche Zwecke verwendet werden muss. Er bietet auch eine gute Alternative zum Sparen.

Ich werde Ihnen nun kurz erläutern, wie das Bausparen funktioniert, damit Sie ein bisschen besser verstehen können, was ich damit meine. Zunächst einmal ist es eines der beliebtesten Finanzprodukte der Deutschen, dies spricht doch schon für sich.

Der erste Schritt in einem solchen Vertrag ist die Sparphase. In dieser Zeit wird das Guthaben mit einem festgelegten Sparzins verzinst. Dieser ist beim Abschluss des Vertrages fix und somit nicht variabel. Er verändert sich während der gesamten Sparphase nicht. Man spart dann so lange, bis man eine Mindestsparsumme erreicht hat. Diese liegt meist zwischen 40 und 60 % der kompletten Bausparsumme.

Sollte diese Summe erreicht sein, beginnt die Zuteilungsphase. Nun bekommen Sie Post, in der die Bausparkasse über diese Zuteilung informiert und Sie dann darüber unterrichtet, dass ein Bauspardarlehen zur Verfügung steht. Nun haben Sie verschiedene Möglichkeiten. Sollten Sie zu dieser Zeit gerade Geld benötigen, können Sie nun das Darlehensangebot annehmen. Dies bedeutet, dass Sie dann zu Ihrem angesparten Guthaben auch noch ein Darlehen in selbiger Höhe zu einem bei Vertragsabschluss festgelegten Zinssatz erhalten. Dieses Darlehen wird Ihnen dann ausgezahlt und Sie können dieses Geld dann für die Renovierung oder Modernisierung Ihrer Immobilie verwenden.

Sie haben auch die Auswahl, dass Sie die Darlehensannahme verzögern können. Sie können nun weiter in den Vertrag einsparen, ohne das Darlehen in Anspruch nehmen zu müssen. Allerdings verringert sich der Darlehensanspruch dann um die angesparte Summe. Sie haben auch die Möglichkeit, den Vertrag bis zum Schluss anzusparen, bis dieser komplett voll ist und Sie dann auch kein Darlehen mehr in Anspruch nehmen müssen. Zudem besteht für Sie noch die Möglichkeit des Darlehensverzichts. Sie bekommen dann zeitnah Ihr Guthaben ausgezahlt und können dieses frei verwenden. Sie sehen also, dass das Bausparen eine gute Alternative zum regulären, langweiligen Sparbuch bieten kann.

Ich möchte Ihnen nun noch einmal kurz die Vorteile des Bausparens aufführen. Der ganze große positive Punkt ist das Thema Zinssicherheit. In allen Phasen des Vertrages ist der Zinssatz von Anfang an festgelegt.

Aufgrund dessen, dass die Zinsen im Rahmen einer Baufinanzierung derzeit auf dem absoluten Tiefstand angelangt ist und davon auszugehen ist, dass diese in den nächsten Jahren tendenziell eher steigen werden, ist dies angesichts der aktuellen Zinssituation ein großer Vorteil, gerade dann, wenn Sie das Geld einmal für Ihren Traum von einem Haus investieren möchten. Nicht ungeachtet davon müssen Sie die staatlichen Förderungen berück–sichtigen. Neben der eben bereits erwähnten Wohnungsbauprämie haben Sie die Möglichkeit, die Arbeitnehmersparzulage und eine Riesterförderung in einen solchen Vertrag fließen zu lassen.

Bausparen eignet sich für Menschen, die bereits jetzt schon wissen und planen, in den nächsten Jahren eine Immobilie zu erwerben. Aber auch für Menschen, die bereits Grundbesitz haben, eignet sich ein Bausparer. Dieser kann von Ihnen zur Renovierung oder Modernisierung Ihrer Immobilie verwenden werden. Sie kaufen sich in dem Sinne mit dem Abschluss eines solchen Vertrages ein Stück weit Zinssicherheit. Wenn Ihnen dies also wichtig ist, so kann ich Ihnen diesen als eine gute Alternative empfehlen.

Aber bedenken Sie, die Mischung machts! Es ist immer ein guter Weg, eine Kombination aus allen dieser Anlagen zusammen zu stellen. So sind Sie optimal aufgestellt und es ist von allem etwas dabei.

## DIE OPTIMALE MISCHUNG

Zudem habe ich damals in meiner Ausbildung lernen dürfen, dass man sein Vermögen in diverse Assetklassen unterteilen sollte. Die eine ist der Baustein Liquidität. Man sollte ca. 10 % seines Vermögens jederzeit verfügbar halten. Zudem sollte man ca. 40 % in Aktien investieren. Dies kann in Form eines Fondssparplans, als Trade oder als Kauf von Einzelaktien in Ihr eigenes Bankdepot erfolgen. 20 % in etwa sollten in Mischfonds investiert werden, was am besten durch einen Fonds-sparplan darstellbar ist. 12,5 % ca. sollten in Renten investiert werden, diese sind meist auch in Mischfonds enthalten. Ansonsten können diese auch auf andere Weise abgedeckt werden, dazu jedoch später mehr.

Eine stabile Säule aus einem kleinen Anteil an Immobilien rundet Ihr Portfolio ab. Der Anteil der Immobilien kann entweder gut durch Immobilienfonds oder durch den Besitz von Immobilien selbst abgedeckt werden. Eine tolle Grundlage bietet es natürlich, wenn man bereits Immobilien besitzt. Dies kann in Form einer Eigentumswohnung sein, oder selbst schon in Form einer eigenen Immobilie. Nichts ist mehr wert, als seinen eigenen Grundbesitz unter den Füßen zu haben. Gerade in der heutigen Zeit sind Sachwerte unfassbar wichtig. Ich persönlich bin ein Mensch, der unheimlich viel Sicherheit braucht. Gerade daher ist dies für mich das nächste priorisierte Ziel, was ich gerne in der nahen Zukunft angehen möchte.

Ich möchte Ihnen nun im Folgenden noch einige grundlegende Informationen mitgeben, schwerpunktmäßig gesetzt auf den Fokus der Anlage in Fonds, da ich persönlich ein absoluter Fan davon bin.

# Der
# Cost-Average-Effekt

Ich möchte Ihnen in diesem Kapitel nun einmal genauer erklären, warum es absolut Sinn macht, nicht nur Einmalbeträge in Fonds zu investieren, sondern wirklich kleiner anzufangen und monatlich gewisse Beträge zur Seite zu sparen. Der Cost-Average-Effekt – was ist das denn überhaupt?

Zu Deutsch gemeint bedeutet er nichts anderes als „Durchschnittskosteneffekt". Damit ist gemeint, dass Sie als Anleger mit monatlichen Sparraten, aufgrund der marktbedingten Schwankungen der Aktien in Ihrem Fonds, die Anteile mal zu höheren, aber dann auch mal zu niedrigeren Preisen einkaufen. Das bedeutet gleichzeitig auch, dass Sie in einem Monat, in dem die Aktien gerade günstig sind, auch gleichzeitig mehr Anteile kaufen und daher davon eher profitieren können, wenn der Markt vielleicht auch einmal gerade nicht ganz so gut läuft. So brauchen Sie sich gar keine Gedanken darüber zu machen, wie ein solcher Verlust dann über selbst kürzere Zeit wieder ausgeglichen werden kann.

Es ist eher gut für Sie, wenn die Kurse niedrig sind, so kaufen Sie günstig ein. Sie freuen sich doch auch über niedrige Tankpreise, da Sie dann mehr Sprit zum niedrigeren Preis in Ihr Auto tanken können, oder etwa nicht? Ich selbst handhabe es eigentlich immer so. Ich habe ein etwas kleineres Auto, welches mit 20 € schon gut gefüllt ist. Ich tanke also immer für 20 € und nutze so langfristig gesehen diesen Effekt, sodass ich zu einem guten Durchschnittskostenpreis mein Auto immer fast voll bekomme, sofern es die Preise eben aktuell hergeben.

Eine Studie zum Cost-Average Effekt zeigt auf: Bei einer Einmalanlage von 16.700 Euro (also 167 Monate mal 100 Euro) hätte der Anleger Anfang 2000 somit 2,4 Anteile erwerben können. Diese Anteile wären im Oktober 2013 unter Berücksichtigung der Kosten knapp

21.000 Euro wert gewesen, also 25 Prozent mehr. Demgegenüber steht eine monatliche Einzahlung in dem DAX-ETF von 100 Euro. So konnten Anfang 2000 rund 0,01 Anteile monatlich erworben werden. Danach wechselte der DAX in den Sinkflug.

Aufgrund des gleichbleibenden Anlagebetrages und der sinkenden Aktiennotierungen konnte man in den folgenden Monaten somit immer mehr Anteile pro Monat beziehen, z. B. 0,036 Anteile im September 2002 und sogar 0,041 Anteile im März 2003. Insgesamt wurden so 3,1 Anteile erworben. Diese Anteile wären im Oktober 2013 28.000 Euro wert gewesen, ein Unterschied gegenüber der Einmalanlage von rund 7.000 Euro bzw. 34 Prozent (Studie des VZ VermögensZentrum GmbH).

Zudem ist dieser Effekt super für Anleger mit zunächst kleinem Geldbeutel geeignet. Nicht jeder Mensch hat einmal eben 10.000 €, die er in eine Anlage investieren möchte.

# Diese 10 Fehler sollten Sie vermeiden

E s gibt einige grundlegende Fehler, die Sie bereits von Anfang an vermeiden können. Ich möchte Ihnen diese hier einmal aufführen:

1. Gehen Sie in sich! Machen Sie sich Gedanken über Ihre Anlageziele und Wünsche.

2. Überlegen Sie sich Ihre individuelle Risikoklasse, in der Sie sich wohlfühlen können. Lassen Sie sich nicht

überreden und überschätzen Sie sich auch nicht selbst!

3. Fangen Sie klein an. Beginnen Sie mit geringen und für Sie vertretbaren Beträgen.

4. Investieren Sie nicht überwiegend Einmalbeträge in die von Ihnen gewählten Anlagen, sondern sparen Sie monatlich. So nutzen Sie optimal die Wertschwankungen aus (Cost-Average-Effekt).

5. Kaufen Sie nicht nur eine Anlage. Setzen Sie auf eine breite Streuung, gern auch in den einzelnen Risikoklassen.

6. Bleiben Sie gelassen! Es bringt absolut nichts, Ihren vielleicht im Moment nicht so gut laufenden Fonds mit einem aktuellen Verlust zu verkaufen, der wahrscheinlich in der nächsten Zeit wieder reingeholt werden kann.

7. Faktor Zeit: Lassen Sie dem Geld Zeit, am Markt zu arbeiten, und achten Sie, wenn möglich, bei Fonds auch auf die empfohlene Anlagedauer.

8. Lassen Sie sich nicht auf Zockerspielchen ein, bei denen Ihnen das große Geld versprochen wird. Seien Sie

stets umsichtig und vorsichtig!

9. Beachten Sie trotz allem auch die Kosten der Ihnen unterbreiteten Anlagevorschläge. Ganz ohne Kosten geht es leider nicht, aber Sie sollten sich auch nicht „über den Tisch ziehen" lassen. Es soll sich ja für Sie lohnen!

10. Lassen Sie sich beraten! Dafür stehen Ihnen natürlich die Ansprechpartner Ihrer Hausbank gerne zur Verfügung.

# Keine Panik! Welche Faktoren bei der Geldanlage wichtig sind.

Nur wenige Faktoren beeinflussen Ihr Vermögen so sehr wie die Zeit. Um zu verstehen, wie Sie bei der Geldanlage von der Zeit profitieren können, ist es wichtig, den Zinseszinseffekt und den Einfluss der Wiederanlage von Dividenden zu verstehen. Ich möchte hier, da ich ja ein absoluter Fan von Fonds und deren Sparplänen bin, nun erläutern, wie Sie diesen Effekt auch in diesen nutzen können. Die Rede ist hier von sogenannten thesaurierenden Fonds. Diese können auf zwei Arten mit Dividenden und Anleihezinsen verfahren: Sie können die Erträge entweder ausschütten oder wieder anlegen (Fachbegriff hier: Thesaurierung). Sollte Ihr ausgewählter Fonds also Erträge erwirtschaften, werden diese wieder mit angelegt. Dies hat für Sie den unglaublich großen Vorteil, dass sich der Wert Ihrer Anlage nochmals um die hinzufließenden Erträge erhöht. Thesaurierende Fonds sind so gut für Anleger geeignet, die langfristig Vermögen aufbauen wollen und regelmäßige Erträge nicht benötigen.

Der Zinseszinseffekt ist also ein erstaunliches Phänomen: Er besitzt die Fähigkeit, Ihr Vermögen exponentiell wachsen zu lassen, bis der Zins, beziehungsweise hier die Thesaurierung gemeint, einen Großteil Ihres Vermögens erwirtschaftet – und das während Sie sich zurücklehnen und warten.

Ein zusätzlicher wichtiger Faktor ist die Sicherheit Ihrer Anlage. Wie beim magischen Dreieck der Geldanlage bildet dieser Punkt auch hier eine nicht zu unterschätzende wichtige Grundlage. Zockerspielchen sollten vermieden werden. Es besteht die Gefahr, sich zu überschätzen und sein eingesetztes Kapital im schlimmsten Fall ganz zu verlieren. Zudem würden Sie Gefahr laufen, gleich mit schlechten oder prägenden Erlebnissen in die Welt der Geldanlage zu starten.

Ein ebenso wichtiger Punkt sind Sie selbst. Ja, richtig gelesen! Sie müssen lernen, ruhig und ausgeglichen an dieses Projekt heranzugehen, was Sie nun die nächsten Jahre oder auch hoffentlich Jahrzehnte begleiten wird.

Sie müssen in sich gehen und auch lernen, geduldig zu werden und nicht gleich bei den kleinsten Wertschwankungen nervös zu werden. Der Markt schwankt immer, mal läuft die Wirtschaft gerade etwas besser, Mal etwas schlechter, Sie können eigentlich an den meisten Ereignissen ablesen, was diese mit der Wirtschaft gerade machen und wie sie sich unmittelbar darauf auswirken.

Sehen wir uns doch einmal ganz aktuell die Entwicklung der Wirtschaft in der Coronakrise an. Sie hat schon jetzt zu Beginn tiefgreifende Auswirkungen zeigen können, nicht nur auf die Wirtschaft, sondern auch auf die Finanzmärkte.

Derzeit kommt es zu großen und nicht zu verkennenden Einschränkungen in unser aller täglicher Lebensweise. Wir spüren diese Krise in der Gastronomie, in der Eventbranche, im Bereich des Tourismus, aber natürlich auch bei den Banken. Zudem spüren wir massive Veränderungen auch in den Privathaushalten. Alleinerziehende berufstätige Eltern oder auch voll arbeitende Familien leiden unter der Krise. Im schlimmsten Fall fällt diesen Familien fast oder gar vollständig der Verdienst aus, da diese aufgrund von Kurzarbeit oder Betreuung der Kinder zu Hause bleiben müssen. Dieser Arbeits- sowie Auftragswegfall macht sich natürlich auch in den Unternehmen deutlich bemerkbar. Es ist nicht absehbar, wie lange genau diese Einschränkungen anhalten werden. Im Umkehrschluss führt dies zu einem Kaufrückgang der privaten Haushalte, welcher einhergeht mit einem Investitionsrückgang bei den Unternehmen. Die Folgen daraus schlagen sich massiv auf die Wirtschaft nieder, wodurch die gesamtwirtschaftliche Nachfrage weiter sinkt. Die wirtschaftlichen Folgen aufgrund Corona werden weitaus stärker ausfallen als man es anfangs noch vermutete.

Ebenso hinterlässt die Coronakrise Spuren in der Finanzpolitik. Die EZB weitet ihre Maßnahmen in Form eines coronapolitischen Programmes aus, indem sie mit mehreren Milliarden Euro Anleihen ankauft. Sie verfolgt damit das Ziel, die Zinsen weiterhin langfristig niedrig zu halten, damit die Liquiditätsversorgung von Unternehmen und Banken begünstigt werden kann.

Dies soll Ihnen zeigen und verdeutlichen, dass es auch in den nächsten Jahren keine großen Veränderungen im Hinblick auf Guthabenzinsen geben wird. Dies sollte Sie mehr denn je motivieren, jetzt zu handeln. Allerdings kann aktuell noch nicht abgeschätzt werden, wie gut die veranlassten Maßnahmen greifen werden.

Eine Studie der Mannheimer Universität zitiert dazu:

„Die Kehrseite dieser Maßnahmen ist jedoch, dass sie die Wirtschaft stark beeinträchtigen. Auch die beachtlichen finanziellen Hilfen, die die Bundesregierung und die Landesregierungen für Unternehmen bereitstellen, werden vermutlich nicht alle Unternehmen vor der Insolvenz bewahren können. Bereits jetzt zeichnet sich ein deutlicher Anstieg der Kurzarbeit und der Arbeitslosenquote ab. Auch der Sachverständigenrat der Bundesregierung prognostiziert, je nach weiterem Verlauf der Corona-Pandemie, einen deutlichen Rückgang der deutschen Wirtschaftsleistung.

Eines scheint indes klar: Je länger die Corona-Pandemie anhält und je härter das gesellschaftliche Leben durch die Maßnahmen zur Bekämpfung des Virus beeinträchtigt ist, desto größer und weitreichender ist der wirtschaftliche Schaden. Die Schwierigkeit besteht daher darin, die Maßnahmen so abzuwägen, dass sie die weitere Ausbreitung des Virus möglichst schnell und effizient verlangsamen, ohne jedoch dabei die Wirtschaft längerfristig zu sehr zu schaden.

Mit zunehmender Dauer der Pandemie drängt sich daher die Frage auf, wie lange die wirtschaftlichen Konsequenzen hinnehmbar sind, um das Virus zu bekämpfen. Dabei wird in den Medien bislang insbesondere die Meinung von Politiker*innen und Wirtschaftsvertretern wiedergegeben. Mit unserer Studie können wir dieses Bild erweitern und herausfinden, was die Menschen in Deutschland über das Verhältnis zwischen dem gesellschaftlichen Nutzen und den wirtschaftlichen Konse–quenzen denken." (Quelle: Juhl S., et al.; https://www.uni-mannheim.de/gip/corona-studie)

Zudem heißt es in einer anderen Studie des NORD/LB:

„Die NORD/LB Landesbank für Sachsen-Anhalt hat heute in Magdeburg eine Studie vorgestellt, die sich mit der Corona-Pandemie und den wirtschaftlichen Folgen für Deutschland und für Sachsen-Anhalt beschäftigt.

Dr. Eberhard Brezski, Regionalexperte der NORD/LB, sagte anlässlich der Vorstellung der Studie:

‚Mit der Corona-Pandemie sind deutliche ökonomische Konsequenzen verbunden. Diese stehen in unserer Studie im Vordergrund. Der Corona-Krise liegt kein Marktversagen wie etwa bei der Finanzkrise 2008/2009 zugrunde, sondern eine Infektionskrankheit, die sich schnell ausgebreitet hat. Die Bekämpfung der Pandemie mit Ausgangssperren, partiellen Geschäftsschließungen und Absagen von Großveranstaltungen hat gleichzeitig zu einem Nachfrage- und Angebotsschock geführt.'

Die Krise verschärfe nach Aussage des NORD/LB-Experten den in vielen Branchen stattfindenden Strukturwandel, da sich das Konsumentenverhalten ändere und neue Themen, wie zum Beispiel Resilienz, in den Vordergrund treten. Die angespannte wirtschaftliche Situation vieler Unternehmen erschwere zudem die Investitionen. Nach Einschätzung der Experten sei es nicht verwunderlich, dass die Weltwirtschaft 2020 in eine tiefe Rezession abrutsche. Allerdings zeichne sich gemäß ifo-Geschäftsklimaindex mittlerweile in Deutschland und vielen Teilen der Welt eine gewisse Verbesserung der wirtschaftlichen Rahmenbedingungen ab. Die Vorkrisen-Niveaus werden in den meisten Volkswirtschaften aber dennoch erst 2022 bzw. 2023 erreicht.

Die wirtschaftlichen Folgen der Corona-Pandemie sind auch in Sachsen-Anhalt deutlich zu spüren. So lagen die Umsätze des Verarbeitenden Gewerbes im Juni um minus 8,4 Prozent unter dem Vorjahresniveau. Darüber hinaus waren – wie auch in Deutschland insgesamt – die Gastronomie und der Reiseverkehr/Tourismus bis Mai negativ von den Einschränkungen im Zusammenhang mit der Corona-Pandemie betroffen. Nach Einschätzung der NORD/LB-Analysten dürfte Sachsen-Anhalt aber vom Trend zum Urlaub in Deutschland profitieren. Die Experten erwarten im dritten und vierten Quartal eine schrittweise Erholung. Dafür spräche auch das ifo Geschäftsklima Ostdeutschland, welches nach deutlichen Einbrüchen in den Monaten März und April nun wieder Anstiege verzeichnet hat.

Das Ausmaß der Pandemie sorgte schnell für eine Vielzahl wirtschaftliche Hilfsmaßnahmen zur Bewältigung der Krise. In einem ersten Schritt ging es sowohl der Bundesregierung als auch dem Land Sachsen-Anhalt um den Erhalt der Liquidität von Unternehmen und die Einführung von Kurzarbeit zur Vermeidung eines starken Anstieges der Arbeitslosenzahlen. Zudem wurden vom Bund weitere Maßnahmenbündel auf den Weg gebracht. Trotz Kritik einiger betroffener

Branchen, die die Maßnahmen als zu wenig zielgruppenspezifisch einstufen, geht die NORD/LB davon aus, dass die Maßnahmen in Summe einen wesentlichen Beitrag zur Verbesserung der angespannten ökonomischen Situation geleistet haben. Hierfür spricht auch, dass die Zahl der Unternehmensinsolvenzen in Deutschland im ersten Halbjahr nicht angestiegen ist. Im Gegenteil: Gemäß Studie lag sie 8,2 Prozent unter dem Vorjahreswert. Einen Anstieg der Insolvenzen erwarten die Experten erst Ende 2020 bzw. im ersten Halbjahr 2021. Demgegenüber lag die Zahl der Insolvenzen in Sachsen-Anhalt per Ende Mai 2020 7,3 Prozent über dem entsprechenden Vorjahreswert.

Wie sieht die Welt nach Corona aus? Werden sich Geschäftsmodelle ändern müssen? Wo liegen die Potenziale für den zukünftigen Wachstumspfad der Volkswirtschaft?

Die Beantwortung dieser und weiterer Fragen ist laut NORD/LB-Analyse wichtig, weil große Herausforderungen wie Klimaschutz, Nachhaltigkeit, Umwelt und Digitalisierung weiterhin bestehen. Die NORD/LB-Analysten rechnen damit, dass die Corona-Krise die Bedeutung dieser Trends in Bezug auf die Branchenentwicklungen noch weiter verstärkt.

In der NORD/LB-Studie werden die folgenden Trends identifiziert und näher beleuchtet:

- Nachhaltige Nachfrage- und Konsumveränderungen
- Beschleunigung der Digitalisierung/Technologieschub
- Verstärkte Umsetzung ESG, insb. Klima- und Nachhaltigkeitsziele
- Höhere Resilienz in den Wertschöpfungsketten
- Höherer Staatseinfluss

Die NORD/LB-Studie beschäftigt sich neben den Trends auch mit dem Einfluss der Corona-Pandemie auf die verschiedenen Branchen in Deutschland und in Sachsen-Anhalt. So lagen die Gästeankünfte und -übernachtungen im Bundesland bis Ende Mai um jeweils rund 50 Prozent unter dem Vorjahresniveau.

Der Einzelhandelsumsatzindex hat dagegen im Mai mit einem Wert von 115 Indexpunkten den Vorjahreswert (112) sogar leicht übertroffen. Auch das Bauhauptgewerbe hat in Sachsen-Anhalt in den ersten fünf Monaten des laufenden Jahres keinen Umsatzrückgang hinnehmen müssen.

Vielmehr legte es gegenüber 2019 um 7,8 Prozent zu. Der Wohnungsbau hat stagniert, sodass das aktuelle Wachstum laut Studie ausschließlich aus dem gewerblichen Bau sowie dem öffentlichen Bau und dem Straßenbau resultierte. Im Verarbeitenden Gewerbe hat sich die Ernährungsindustrie gut behauptet. Sie verzeichnete per Ende Mai ein Umsatzplus von 10 Prozent. Auch die pharmazeutische Industrie legte um 1,4 Prozent zu.

Rückläufig waren in Sachsen-Anhalt hingegen die folgenden Branchen: Chemieindustrie (minus 3,6 Prozent), Papierindustrie (minus 11,2 Prozent), Metallerzeugung und -bearbeitung (minus 24,6 Prozent), Maschinenbau (minus 14,8 Prozent), die Herstellung von Metallerzeugnissen (minus 12,6 Prozent), die Herstellung von Gummi- und Kunststoffwaren (minus 5,9 Prozent) und die Papierindustrie (minus 11,2 Prozent).

Die Corona-Pandemie hat laut Studie auch auf dem Arbeitsmarkt Spuren hinterlassen. So lag die Arbeitslosigkeit in Sachsen-Anhalt im Juli 2020 13,5 Prozent über dem Vorjahresmonat. Dies ist mit der niedrigste Zuwachs aller Bundesländer. Die Arbeitslosenquote lag im Juli bei 8,0 Prozent (Vorjahresmonat 7 Prozent). Die Arbeitslosenquote für die gesamte Bundesrepublik lag zum gleichen Zeitpunkt bei 6,3 Prozent (Vorjahresmonat 5 Prozent). Ohne die Corona-Pandemie hätte die Arbeitslosenquote in Sachsen-Anhalt bei

6,5 Prozent und in Deutschland bei 4,9 Prozent gelegen.

Insgesamt ist Sachsen-Anhalt ein Spiegelbild der allgemeinen gesamtwirtschaftlichen Situation in Deutschland. Unterschiede ergeben sich aus der abweichenden Wirtschaftsstruktur, die nach Einschätzung der NORD/LB eher vorteilhaft für die Wirtschaftserholung in Sachsen-Anhalt sein könnte. ‚Die Corona-Krise wird keine neue Welt erschaffen. Sie wird aber bestehende Trends und den grundsätzlich vorhandenen Strukturwandel in vielen Branchen beschleunigen und den zeitlichen Spielraum für Reaktionen der Unternehmen, zum Beispiel Änderungen im Geschäftsmodell, einengen‘, sagte Eberhard Brezski." (Quelle: NORD/LB, Norddeutsche Landesbank Girozentrale, http://www.nordlb.de)

Es war mir persönlich sehr wichtig, die Corona-Pandemie und deren Auswirkungen auf unsere Wirtschaft aktuell mit in diesen Ratgeber hinein zu nehmen. Ich habe bewusst mehrere Studien zitiert, damit Sie sich selbst ein Bild machen können und auch die Eindrücke zweier unterschiedlicher Bundesländer miteinander vergleichen. Man könnte zu Corona und der Wirtschaft noch unendlich viele Studien zitieren, allerdings ändert dies nichts an der aktuellen Situation, in der wir uns bewusst sein müssen, dass sich in Zukunft einiges in unserer Welt verändern wird, selbstverständlich auch finanziell. Und darum geht es schließlich in diesem Ratgeber.

Ich habe in dieser Zeit erleben können, wie viele Selbstständige und Klein- oder Familienunternehmen unter dieser Situation gelitten haben oder sogar Gespräche geführt werden mussten, dass die Existenz des Unternehmens unter diesen aktuellen Bedingungen nicht weitergeführt werden kann. Oft stecken hinter diesen kleinen Unternehmen Familien, häufig auch mit kleinen Kindern, und es ist furchtbar zu sehen, wie hilflos diese sind. Gerade für diese Unternehmen und auch für Privathaushalte und Familien ist es enorm wichtig, finanziell für solche Fälle abgesichert zu sein.

Dies hat mich dazu bewegt, mich hinzusetzen und diesen Ratgeber zu schreiben. Ich wollte dennoch nicht nur Fakten hier aufführen, ich wollte auch emotional etwas bewegen und Ihnen so einen Mehrwert mit auf den Weg geben. Aber hüpfen wir nun noch einmal weiter zum Thema Ihrer optimalen Geldanlage.

Wenn Sie gemerkt haben, dass trotz allem ein Fondssparplan, die am meisten beworbene Alternative in diesem Buch, gar nichts für Sie ist, so würde ich Ihnen hier eine weitere Alternative anbieten. Eine gute und sichere Möglichkeit der Anlage bieten Ihnen nachrangige Bankeinlagen. Diese sind zur Anlage eines Einmalbetrages, oft schon ab 5000 €, gut geeignet und haben meist eine gute Verzinsung im Hinblick auf das heutige Zinsniveau. Der Faktor Sicherheit ist hierbei relativ zu sehen. Im Endeffekt bedeutet diese Nachrangabrede, dass zunächst bei einer Bankenpleite alle anderen Gläubiger vor Ihnen befriedigt werden würden. Zudem sind sie oft von der Einlagensicherung des Kreditinstitutes ausgenommen, was in diesem Falle bedeuten würde, dass Sie im schlimmsten Falle Ihr eingesetztes Kapital nicht zurückerhalten.

Allerdings darf ich Sie einmal fragen, für wie wahrscheinlich Sie es erachten, dass eine staatliche unterstützte Sparkasse oder eine große Volksbank einmal pleitegehen könnten? Ich denke, dass unsere Probleme dann ganz andere wären als solche. Sie sollten sich also wirklich nur für eine nachrangige Einlage entscheiden, wenn Sie absolut überzeugt von der Bonität des Kreditinstituts sind. Viele Dinge können Sie auch aus den Jahresberichten der Banken herauslesen, die diese meist im ersten Quartal des Jahres veröffentlichen.

Allerdings würde ich aufgrund der aktuellen Situation wahrscheinlich keine solche nachrangige Einlage erwerben wollen. Zwar glaube ich nicht, dass die Bank meiner Wahl in den nächsten Jahren pleitegehen könnte, doch was mich an dieser Anlage stört ist, dass Sie sich über einen gewissen Zeitraum fest binden und nicht vorzeitig aus dieser Einlage heraus kommen. Die aktuelle Coronakrise wird noch in den nächsten Jahren in den Banken spürbar sein. Ich bin mir nicht sicher, ob jede Bank unbeschadet davonkommen wird. Jede Volksbank beispielsweise, die einen anderen Namen trägt, ist unabhängig voneinander. Außerdem gibt es viele kleinere Banken, die diese schwere Zeit eventuell nicht überstehen werden.

Es gibt zudem noch eine Möglichkeit. Wenn Sie den Schwerpunkt Ihrer Geldanlage mehr auf den Fokus der Altersvorsorge setzen möchten, kann ich Ihnen eine tolle Alterative nennen, von der ich auch selbst zu 100 % überzeugt bin. Es geht hier um eine fondsgebundene Rentenversicherung. Diese verbindet einen Fondssparplan mit einer lebenslangen Rentenzahlung. Die Wertentwicklung hängt an der Entwicklung der Investmentfonds. Sie ist ein Fondssparplan mit dem Mantel einer Rentenversicherung für Ihre Altersvorsorge.

Ein Investment in Fonds bietet in guten Börsenjahren die Chance auf eine höhere Rendite. Mit monatlichen Beiträgen kaufen Sie, wie eben auch bei einem Fondssparplan, Anteile an Aktien-, Renten- oder

Immobilienfonds. Der Wert der Rentenversicherung bestimmt sich aus der Entwicklung dieser Anlagen. Steigen die Kurse, hat die Fondsrente eine gute Rendite. Und es zählt hierbei natürlich, je früher Sie damit beginnen, für Ihr Alter vorzusorgen, desto besser. Da Sie auch hier mit kleinen monatlichen Beträgen beginnen können, eignet sich diese fondsgebundene Rentenversicherung gut für junge Leute.

Sollten Sie eher der Typ sein, dem Sicherheit nicht so wichtig ist, und können Sie bis jetzt noch nicht sagen, dass dieser Ratgeber Ihnen geholfen hat, zu wissen, wie Sie Vermögen aufbauen können, so kann ich Ihnen noch das Trading als alternative Lösung vorschlagen. Allerdings habe ich Ihnen auch bereits gesagt, dass ich kein erfahrener Trader bin. Dennoch möchte ich Ihnen ein paar kleine Tipps meinerseits auf den Weg geben, um auch diesen Schritt langfristig anzugehen. Denn auch Trading bedeutet nicht das schnelle Geld, und darum geht es hier auch nicht. Zunächst einmal möchte ich Sie nochmals darauf hinweisen, dass alles was im Börsenhandel passiert, mit gewissen Risiken bis hin zum Totalverlust Ihres Geldes verbunden ist. Ich werde Ihnen hier keine Anlageberatung geben und auch keine Handlungsempfehlungen. Die wichtigsten Punkte sind Ihr Fachwissen und eine erprobte Tradingstrategie. Und merken Sie sich eines: Eine Idee für einen Trade liefert Ihnen niemals ein Chart! Diesen können Sie sich zusätzlich anlegen und die News parallel dazu betrachten. Ein Chart alleine sagt jedoch nichts aus.

Zudem ist es äußerst entscheidend, dass Sie diszipliniert sind und Durchhaltevermögen beweisen, denn Trading ist ein Marathon und kein Sprint. Es ist nicht geeignet für diejenigen, die anstreben, schnell reich werden zu wollen. So sind schon viele Menschen falsch in ein solches Investment gestartet und haben viel Geld verloren.

Schauen Sie sich zunächst einmal die täglichen Nachrichten an. Sie müssen lernen, herauszufiltern, welche News entscheidend sind und welche davon auch Auswirkungen auf die Wirtschaft haben.

Und vor allem worauf genau! Sie können zunächst einmal damit starten, ein Demokonto für Ihren Tradingstart einzurichten. Dieses bietet Ihnen die Möglichkeit, ohne Risiko den kostenlosen Handel auszuprobieren. Hier können Sie zunächst mit Spielgeld traden, um sich einmal auszuprobieren und vor allem herauszufinden, welche Strategie für Sie die richtige ist. Bis auf die Echtheit des Geldes funktioniert alles genauso wie beim normalen Aktienhandel. Aber Sie können nicht nur im Aktienmarkt traden und handeln. Sie können sich auch in den Bereichen der Rohstoffe, Anleihen und Währungen (Forex) bewegen. Wichtig ist, zu wissen, dass die EZB der Puppenspieler in der Mitte dieser vier Felder ist und alles steuern kann. Sie besitzt eine unheimliche und nicht zu unterschätzende Macht, mit ihrer Zinspolitik vieler dieser Felder zu beeinflussen.

Sie sollten versuchen, einige Anfängerfehler zu vermeiden. Viele schließen sich einer Trade-Gemeinschaft an und kopieren dann die Tradingstrategie der anderen. Hängen Sie sich niemals an jemand anderen heran, kein Copy-Trading betreiben! Es bedeutet nie, dass eine fremde Strategie gleichzeitig auch bei Ihnen aufgeht. Sie brauchen Ihre eigene Tradingstrategie.

Schreiben Sie diese dann auch auf, um einen roten Faden zu erhalten, an den Sie sich immer halten können. Außerdem handeln fast alle zu Beginn den DAX, weil sie glauben, zu erkennen, was sich dahinter verbirgt. Allerdings ist der DAX gar nicht so ohne und keinesfalls zu unterschätzen. Das Risikomanagement dieses Index' ist völlig unzureichend. Erkundigen Sie sich gerne einmal darüber.

Trading darf auch nicht als Ihr Hobby nebenbei gesehen werden. Es ist Fakt, dass 90 % der Trader in 90

Tagen 90 % ihres ganzen Tradingkapitals in den Sand setzen. Dies sollte Sie nicht beunruhigen, Ihnen jedoch einen klaren Anreiz geben, sich ausreichend mit dem Thema zu beschäftigen und zu verstehen, dass es ein langwieriger Prozess ist, der Ihrerseits viele Stunden Zeit erfordert. Sie müssen berücksichtigen, dass Sie nicht immer mit konstanten Gewinnen rechnen können. Sie werden zwar immer etwas erwirtschaften können, allerdings geben Sie auch immer etwas an den Markt zurück, und das eben in Form von Verlusten.

Daher ist es wichtig, sich zunächst einen Überblick über die aktuelle wirtschaftliche Situation und die Lage an den Märkten zu verschaffen.

Versuchen Sie nach dem Anlauf mit der Demoversion, mit geringem Kapital in das neue Investment zu starten. Jedoch bedenken Sie dazu die oben bereits erwähnten Punkte, Sie brauchen eine klare eigene Strategie. Versuchen Sie, Trade-Ideen zu generieren. Es gibt auch Webseiten, auf denen Sie sich erkundigen und belesen können. Sie müssen jedoch selbst entscheiden, welche davon Sie wählen. Ich möchte Ihnen hierzu keine Empfehlung geben.

Die nächste wichtige Rolle im Trading spielen Sie selbst! Es liegt an Ihnen, ob Ihre Strategie Erfolg hat oder eben nicht. Zum anderen zähle ich auf Ihre

Beobachtungsgabe. Beobachten Sie den Aktienmarkt und suchen Sie nach Auffälligkeiten.

Wo könnte es in nächster Zeit ein Hoch geben? Warten Sie auf diese Signale, hier ist Ihr Einstiegsmoment. Wenn Sie dann gekauft haben, überlegen Sie sich gut, wann Sie wieder aussteigen, also verkaufen möchten. Sie sollten gegebenenfalls in Erwägung ziehen, mit Teilverkäufen zu arbeiten. So haben Sie einen guten Teil Ihres Vermögens bereits in Sicherheit. Dies gibt Ihnen ein besseres Gefühl, um weiter zu machen, und minimiert zudem gegebenenfalls entstehende Verluste. Geben Sie sich keinem schlechten Trade hin, wenn Sie nicht zu 100 % davon überzeugt sind.

Dies war ein kleines Statement zum Trading, alles andere liegt nun bei Ihnen. Es liegt an Ihnen, welche Geldanlage Sie letzten Endes für sich wählen.

# Fazit

Mein Fazit zu diesem Thema ist ein Großes. Es ist auch ein Statement. Ich wollte Ihnen hiermit einen kleinen und guten Ratgeber an die Hand geben, mit dem Sie einen soliden Einstieg in die Welt der Geldanlage erhalten können. Ich hoffe sehr, dass Sie etwas für sich mitnehmen konnten und sich die Tipps zu Herzen nehmen.

Denken Sie daran, das breit gefächerte Thema der Geldanlage ist ein langer Weg. Es dauert einige Zeit, bis Sie Ihren persönlichen Weg gefunden und herausgefiltert haben, welche Anlageform für Sie der richtige Schritt ist, der Sie in der Zukunft begleiten und Ihren Träumen ein Stück näher bringen wird. Bedenken Sie auch, was Ihnen wichtig ist. Die meisten Fonds zum Beispiel haben mittlerweile Schwerpunkte, auf die Sie sich konzentrieren können, wie beispielsweise in der aktuellen Zeit das Thema Nachhaltigkeit. Überlegen Sie gut: Was ist mir wirklich wichtig? Was sind meine Ziele? An welchem Ziel möchte ich besonders arbeiten? Auf welchen Aspekt möchte ich bei meiner Anlage achten und auf was kann ich etwas mehr verzichten?

Ich wünsche Ihnen alles erdenklich Gute für Ihre Zukunft und bleiben Sie gesund!

Herstellung und Verlag:

BoD – Books on Demand, Norderstedt

ISBN: 9783753458649

1. Auflage

Kontakt: Psiana eCom UG/ Berumer Str. 44/ 26844 Jemgum

Covergestaltung: Fenna Larsson

Coverfoto: depositphotos.com